ÉXITO EN MARKETING POR CORREO ELECTRÓNICO

omo Crear una Lista de Correo Electrónico y Campañas de Marketing por Correo Electrónico Exitosas

C.X. CRUZ

Tabla de contenido

Introducción

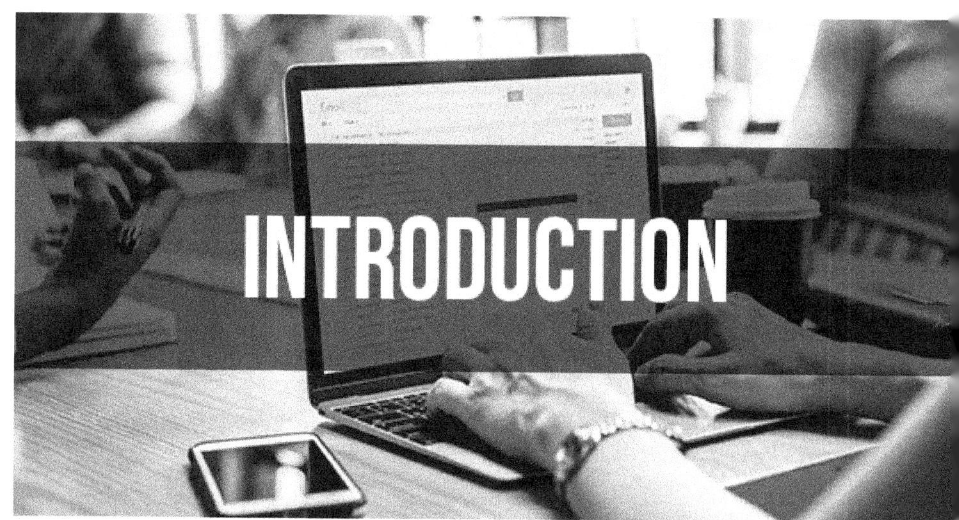

El marketing por correo electrónico para empresas no es un concepto nuevo. De hecho, en comparación con otros canales de marketing en línea como las redes sociales, las aplicaciones para dispositivos móviles e incluso los motores de búsqueda, el marketing por correo electrónico puede parecer un poco desactualizado.

Han sucedido muchas cosas en los últimos años con el marketing por correo electrónico, y la disciplina todavía está siempre en movimiento. Los comportamientos y expectativas alterados de los consumidores exigen nuevos métodos de marketing por correo electrónico. Enfoques como la personalización y la segmentación án transformando los boletines informativos de la empresa de reos electrónicos masivos anónimos en correos electrónicos sonalizados.

y en día, la mayoría de los consumidores leen sus correos ctrónicos en sus dispositivos móviles, y la búsqueda de reos electrónicos se ha convertido en la actividad más común e realizan los usuarios de teléfonos inteligentes. La mpetencia por la atención en las bandejas de entrada de los reos electrónicos de los consumidores está obligando a más presas a otorgar una importancia cada vez mayor a los rreos electrónicos bien diseñados, personalizados y con ntenido relevante, lo que garantiza que los correos electrónicos abrirán y leerán.

s estadísticas muestran que el marketing por correo electrónico ne un amplio alcance, además de ser una de las mejores cticas de marketing para el retorno de la inversión. Casi todo el undo tiene una dirección de correo electrónico en estos días, y mayoría de los usuarios prefieren recibir mensajes publicitarios esa forma.

demás, con los teléfonos inteligentes, los correos electrónicos empre están en el bolsillo de los consumidores y se pueden cuperar en cualquier momento. Según estimaciones recientes, importancia del marketing por correo electrónico seguirá creciendo durante los próximos años. Está claro que cualquier estrategia de marketing en línea que emplee su empresa debe incluir campañas de marketing por correo electrónico.

El marketing por correo electrónico requiere algo más que envía un boletín ocasional. Hoy en día, los especialistas en marketing también necesitan configurar y mantener listas de suscriptores, crear y diseñar correos electrónicos relevantes y enviarlos de manera sistemática.

Para que su estrategia de marketing por correo electrónico sea eficaz y exitosa, es imperativo que utilice las opciones técnicas disponibles para optimizar continuamente el proceso mediante uso de herramientas analíticas modernas.

A pesar del uso generalizado del gigante digital que es el correo electrónico, muchos emprendedores aún tienen que implementa una estrategia de marketing por correo electrónico eficaz para s negocio porque no saben cómo hacerlo o aún no han reconocid lo poderoso que puede ser.

El correo electrónico sigue siendo la plataforma de comunicació central de Internet y seguirá creciendo. Actualmente, más de 3.700 millones de personas tienen acceso al correo electrónico cada hora de cada día se envían y reciben más de 3.000 millone de correos electrónicos que no son spam.

su empresa aún no está aprovechando este poderoso y
sivo canal de marketing, se está perdiendo una forma efectiva
llegar a su público objetivo.

6

ÉXITO EN MARKETING POR CORREO ELECTRÓNICO

su empresa aún no está aprovechando este poderoso y
sivo canal de marketing, se está perdiendo una forma efectiva
llegar a su público objetivo.

Capítulo 1 - Qué es el marketing por correo electrónico y por qué su empresa lo necesi

El marketing por correo electrónico es un tipo de marketing en Internet que permite al usuario enviar mensajes personalizados en forma de correo electrónico a sus lectores para informar, publicitar o solicitar determinadas acciones a sus lectores.

Hay ciertos componentes esenciales del marketing por correo electrónico que incluyen:

- Automatización de mensajes
- Diseño receptivo HTML

- Mantenimiento de lista avanzada
- Cumplimiento de CAN-SPAM integrado

- Una integración sencilla
- Una dirección IP dedicada
- Ayuda para la entregabilidad

Automatización de mensajes

La automatización de mensajes es la característica del marketing por correo electrónico que le permite enviar diferentes correos electrónicos en respuesta a una acción en particular. Si un consumidor acaba de registrarse para obtener un descuento, recibirá un mensaje de bienvenida automático que servirá como confirmación de la suscripción. La automatización de mensajes también se puede configurar para enviar comprobantes de pedidos cuando alguien realiza una compra en su sitio web.

Diseño receptivo HTML

El diseño HTML Responsive le permitirá enviar correos electrónicos personalizados en texto sin formato o formato HTML. También le permite hacer uso de HTML y CSS para crear plantillas receptivas que pueden adaptarse a todos los dispositivos del mundo.

Esto hace que las campañas de marketing por correo electrónic puedan leerse en dispositivos móviles. Lo bueno es que no tien que aprender a codificar HTML porque esta función se carga automáticamente con el software.

Mantenimiento de lista avanzado

Esta función le permite agregar y eliminar suscriptores de corre electrónico de su lista rápidamente. Puede utilizar esta función para automatizar la suscripción y la exclusión voluntaria. Le ayuda a mantener actualizadas sus listas de correo electrónico.

Cumplimiento de CAN-SPAM

Esta es una función que está diseñada para verificar el cumplimiento de la ley CAN-SPAM de 2003 sobre pornografía y marketing no solicitados. Esta ley le ha otorgado a la Comisión Federal de Comercio de los Estados Unidos el derecho de hace cumplir todos los estándares necesarios para proteger a los propietarios de correo electrónico de contenidos no solicitados como la pornografía. .

Característica de fácil integración

Esta función permite la integración de otros servicios en su campaña de marketing por correo electrónico. Puede incorporar su sitio web de comercio electrónico con sus campañas de corre

ctrónico a través de esta función, y también puede incluir
ias aplicaciones móviles, programas de lealtad y aplicaciones
redes sociales en su campaña de marketing por correo
ctrónico.

ede conectar Google Analytics a su campaña de correo
ctrónico a través de la función de integración fácil para que
eda realizar un seguimiento de los clics en su correo
ctrónico, así como incorporar funciones de recomendación de
ductos en el correo electrónico, mediante el uso de esta
ción.

ección IP dedicada

a dirección IP dedicada es increíblemente esencial para la
egridad de su correo electrónico. Esta dirección IP debe ser
a que esté dedicada exclusivamente a su negocio, y debe ser
única que se utilice para enviar correos electrónicos a clientes
tenciales. Los destinatarios de su correo electrónico estarán
nquilos cuando reciban sus correos electrónicos con esta
ección IP dedicada.

tregabilidad

capacidad de entrega es una característica que se incluye en
software de marketing por correo electrónico que garantiza
e sus correos electrónicos se entreguen en el lugar correcto. Si

sus correos electrónicos no se entregan, su estrategia de marketing simplemente no funcionará. Esta función implementa constantemente las herramientas que necesita para rastrear problemas de entregabilidad con sus correos electrónicos.

Por qué su empresa debería implementar el marketing por correo electrónico

El correo electrónico le brinda la oportunidad de enviar un mensaje a su audiencia para cualquier propósito en cualquier día del año que le cuesta casi nada. Esto hace que el correo electrónico sea una forma increíblemente poderosa de comunicarse con su público objetivo.

Cuando puede crear una campaña sólida de marketing por correo electrónico y enviar los mensajes correctos a las personas adecuadas en el momento adecuado, seguramente creará una audiencia de fanáticos altamente comprometidos que no puede esperar a que su próximo mensaje llegue a sus bandejas de entrada. Además, están listos para comprar siempre que tenga un producto o servicio para promocionar. Existen varias razones convincentes por las que debe comenzar a implementar el marketing por correo electrónico para su empresa.

nera un ROI masivo

estudio reciente realizado por la Asociación de Marketing ecto encontró que las empresas ganarán un promedio de $ 00 por cada dólar invertido en marketing por correo ctrónico.

hecho, los especialistas en marketing han clasificado nstantemente el marketing por correo electrónico como la rategia más eficaz para generar conciencia, adquirir clientes tenciales, generar ventas y mejorar la retención de clientes, en mparación con las otras estrategias de marketing más múnmente empleadas.

nera resultados a largo plazo

2010, la empresa MarketBeat comenzó a recopilar scripciones para sus boletines informativos. Casi dos décadas spués, una buena cantidad de suscriptores que se registraron rante el primer año continúan leyendo su contenido, eractuando con sus anunciantes y comprando productos y rvicios de su negocio.

lista de correo electrónico es un activo a largo plazo que ntinuará generando ingresos y capital social para su negocio el futuro.

La mayoría de los clientes quieren correos electrónicos de empresas

MarketingSherpa realizó un estudio que mostró que el 72 por ciento de los consumidores estadounidenses dicen que el correo electrónico es su forma favorita de comunicarse con las empresas con las que hacen negocios. También descubrieron que al 61 por ciento de los consumidores les gusta recibir correos electrónicos promocionales semanales de sus marcas favoritas mientras que al 28 por ciento de los consumidores les gustaría recibir correos electrónicos promocionales con más frecuencia.

Además, el 70 por ciento de los consumidores dicen que siempre abrirán el correo electrónico de sus empresas favoritas, y el 95 por ciento de las personas que optaron por recibir un correo electrónico de marcas dicen que los correos electrónicos de marketing que reciben son increíblemente útiles.

Supera al marketing en redes sociales

Un estudio reciente encontró que las empresas tienen más de 4 veces más probabilidades de crear un nuevo cliente a partir del marketing por correo electrónico que a través de las redes sociales. Cuando se trata de marketing por correo electrónico, muchos especialistas en marketing sienten que ofrece un mejor retorno de la inversión que el marketing en redes sociales.

correo electrónico es universal

si el 87 por ciento de la población estadounidense tiene
ceso a Internet en su hogar y el 95 por ciento de los
nsumidores usa el correo electrónico. Con el marketing por
rreo electrónico, no tiene que preocuparse si su público
jetivo tiene una dirección de correo electrónico o no, a
erencia de las redes sociales.

una tecnología resiliente

correo electrónico existe en su formato actual desde principios
la década de 1980, un
años antes, la mayoría de los hogares tenían una
mputadora personal y acceso a Internet, y 25 años antes de
e se lanzara el primer iPhone. A pesar de la enorme cantidad
progreso tecnológico en el mundo y la proliferación de
léfonos inteligentes, computadoras personales y tabletas, las
pecificaciones técnicas para el correo electrónico solo se han
tualizado unas pocas veces.

ientras que otras tecnologías de la comunicación han ido y
enido, el correo electrónico sigue resistiendo la prueba del
empo. Cuando su empresa invierte en marketing por correo
ectrónico, sabe que algo más grande y mejor no lo reemplazará
los próximos años.

El marketing por correo electrónico está federado

Cuando crea una audiencia en YouTube, Facebook o Instagra está a merced de empresas cuyos mejores intereses no están alineados con los suyos.

Puede dedicar mucho tiempo, energía y dinero a crear una audiencia en una de estas plataformas solo para que esa plataforma cambie las reglas de una manera que acabe con la rentabilidad de su campaña. Ese nunca será el caso del correc electrónico porque ninguna empresa tiene el control de las especificaciones técnicas del correo electrónico o el control de infraestructura tecnológica que permite que el correo electrónic se envíe a los seis mil millones de bandejas de entrada del mundo.

El marketing por correo electrónico seguirá siendo una de las estrategias de marketing más eficaces y resistentes tanto para las empresas físicas como para los negocios digitales. Es difíci igualar el ROI potencial que ofrece el marketing por correo electrónico, y puede estar seguro de que sus esfuerzos continuarán generando ingresos en el futuro.

Capítulo 2: Introducción al marketing por correo electrónico

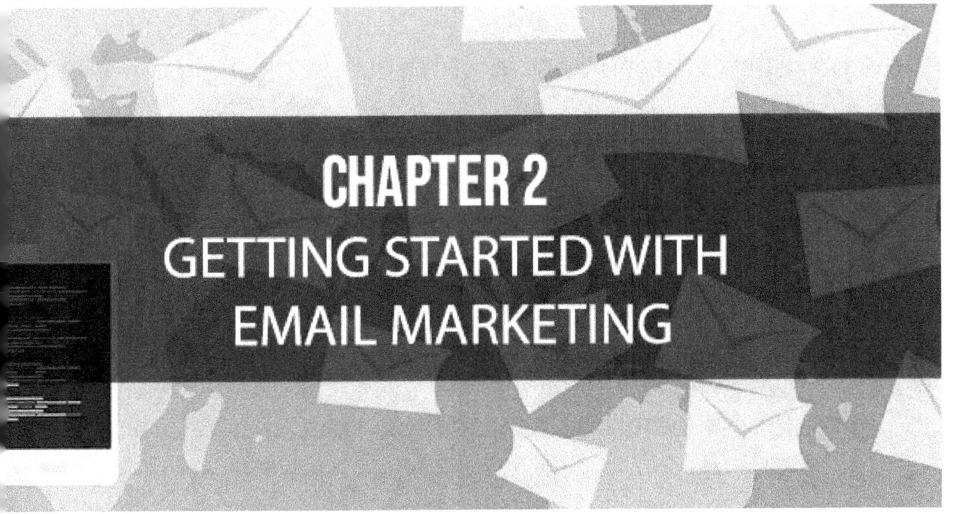

Cuando se trata de iniciar una campaña de marketing por correo electrónico, existen pasos específicos que debe seguir si desea tener éxito.

Debe establecer metas y objetivos claros, crear sus listas de correo electrónico comerciales, elegir el tipo de campaña de correo electrónico que desea enviar, crear y diseñar su primera campaña de correo electrónico y medir los resultados de su campaña de correo.

Establecer sus metas y objetivos

Al igual que con cualquier estrategia de marketing, debe desarrollar metas claras y comprender sus objetivos antes de sumergirse de lleno.

Antes de registrarse en una herramienta de marketing por corre electrónico, debe establecer claramente qué es lo que desea lograr con los correos electrónicos que desea enviar a su públic objetivo. Desea asegurarse de que su campaña de marketing p correo electrónico se alinee con sus metas y objetivos comerciales más amplios.

Por ejemplo, sus objetivos comerciales pueden ser atraer nuevo clientes potenciales para que se registren en los productos y servicios de su marca, o tal vez lograr que más asistentes asista a los eventos de su empresa, o tal vez esté buscando obtener más donaciones para una causa específica. Cualesquiera que sean sus objetivos comerciales generales, debe asegurarse de tomarse el tiempo para pensar en cómo va a utilizar su campaña de marketing por correo electrónico para alcanzar esos objetivos

Creación de listas de correo electrónico de su empres

Una vez que haya establecido las metas y los objetivos de su campaña de marketing por correo electrónico, puede comenzar a

ar sus listas de correo electrónico para que pueda comenzar a
viar sus campañas de marketing por correo electrónico. Hay
ias formas de crear sus listas de correo electrónico. La
nera opción es importar correos electrónicos de contactos
ocidos.

r lo general, estos son los detalles que tiene sobre sus clientes
stentes que puede importar a su herramienta de marketing por
reo electrónico. Puede ingresar manualmente estas
ecciones en su software de marketing por correo electrónico o
ede vincular su herramienta de marketing por correo
ctrónico a su cuenta de correo electrónico para extraer la
ormación automáticamente.

ra opción que quizás desee considerar es crear una lista de
rreos electrónicos completamente nueva desde cero. Si no
ne ningún contacto nuevo actualmente, es posible que desee
igirse a las redes sociales para intentar atraer a las personas
su red para que se suscriban a su lista de correo electrónico
oporcionándoles descuentos especiales o regalos.

mbién puede utilizar el sitio web de su empresa para esto.
ebe asegurarse de escribir contenido atractivo que haga que su
diencia actúe, además de ofrecer un descuento exclusivo en el
imer pedido o un obsequio para aquellas personas que envían
s correos electrónicos desde su sitio web o red social.

Elija el tipo de campaña que desea enviar

Puede maximizar la efectividad de su campaña de marketing por correo electrónico siguiendo los diez formatos de correo electrónico más comunes y populares. Estos formatos han sido probados durante años y son practicados por los principales empresarios y empresas establecidas.

Cada formato es único y tiene un propósito distintivo, que atrae interés de diferentes tipos de público. Cualquiera que sea el formato que elija, cada uno generará su propio tipo de reacción.

Boletines

Los boletines se utilizan para información de la empresa, próximos eventos, etc. El formato típico consta de dos columnas, una columna estrecha con una tabla de contenido, logotipos, patrocinadores y artículos destacados y otra columna más amplia con historias y artículos y materiales de comunicación originales.

Si hay más de un artículo, entonces es mejor usar saltos de sección para que se vea inteligente y llamativo. Incluso puede poner un botón Leer más o Aprender más al final de cada artículo para obtener información detallada para los lectores que estén interesados en saber más.

entos e invitaciones

te tipo de correo electrónico es urgente, por lo que debe ser
nsciente del momento perfecto. Debe haber un búfer de al
enos un mes después de que se envía un correo electrónico de
ento / invitación para que sus suscriptores puedan decidir y
cer tiempo para prepararse.

da correo electrónico de evento / invitación debe contener
tones de llamada a la acción, como el botón Guardar en el
endario, el botón Registrarse para el evento, que los redirigirá
otro sitio que consta de formularios y el botón Formulario de
cuesta de comentarios posteriores al evento para la
nveniencia de su empresa.

mbién puede enviar los detalles del evento de su audiencia
spués de la fecha del evento a todos aquellos suscriptores que
ostraron interés en el correo electrónico del evento, tanto los
istentes como los no asistentes. Es posible que deba enviar
cenas de correos electrónicos antes, durante y después del
ento, así que mantenga sus correos electrónicos breves y
rectos.

omociones

ste formato se utiliza para descuentos promocionales y ventas
speciales de sus productos y servicios. Puede resaltar

productos de edición limitada o stock limitado en estos correos electrónicos y obtener una respuesta rápida de sus clientes. También puede poner un botón de llamada a la acción como Reservar ahora o Solicitar ahora si es una tienda de comercio electrónico.

Establecer una fecha límite para la oferta en el correo electrónico les da a los clientes un impulso adicional para usar la oferta en momento. Su campaña de marketing por correo electrónico tendrá mucho éxito si puede hacer que sus clientes compren productos directamente desde el correo electrónico promocional.

Comunicados de prensa

Si desea compartir información de la empresa, como las últimas asociaciones comerciales, el nuevo CEO o el lanzamiento de nuevos productos a los medios locales, debe seguir el formato del comunicado de prensa del correo electrónico. Solo para este tipo de correo electrónico, debe crear una lista de correo electrónico separada donde haya solo algunas direcciones para los medios de comunicación locales.

Los correos electrónicos de comunicados de prensa son diferentes a otros formatos porque otros lo usarán como referencia cuando muestren esta información en la televisión o en el periódico. Las revistas y los portales de noticias escribirán un culo basado en la información contenida en su comunicado de nsa, por lo que debe asegurarse de que esté lleno de rmación valiosa y digno de ser compartido. Hay cuatro cciones en un comunicado de prensa: el título, el cuerpo, lquier declaración o cita y una sección "acerca de".

uncios

o es similar a un comunicado de prensa, pero la audiencia a la e enviará estos correos electrónicos es completamente erente. Principalmente, los clientes y aquellos que están eresados en las últimas actualizaciones de su empresa son los e deberían recibir correos electrónicos de anuncios.

s anuncios podrían trasladarse a una nueva ubicación, tualizaciones de productos o información sobre el próximo nzamiento de productos. En los correos electrónicos de uncios solo se incluyen hechos e información específica, por lo e no es necesario ningún botón de llamada a la acción.

ludos para las fiestas

uede diseñar y utilizar plantillas de correo electrónico especiales rante las vacaciones, como una para Halloween, Navidad o io Nuevo. Hoy en día, puede utilizar imágenes HTML o GIF peciales para hacer que sus tarjetas de felicitación sean más eresantes.

Actualmente, muchos ESP le permiten realizar un seguimiento los cumpleaños de los clientes para que incluso pueda enviarle un correo electrónico de deseo de cumpleaños en su día especial. Esto puede ayudar a mejorar su imagen y demostrar que se preocupa por sus clientes.

Nota de bienvenida

Puede configurar un sistema automatizado para enviar un correo electrónico de bienvenida a los nuevos clientes que se hayan registrado y suscrito recientemente a su servicio de correo electrónico. Con un simple "¡Hola X! Bienvenido al mensaje Y "puede crear una atmósfera amigable con sus nuevos clientes.

Gracias Email

Cuando alcanza un cierto nivel y tiene cientos de clientes leales que compran sus productos y utilizan sus servicios durante año es importante mostrarles agradecimiento. Cada año o incluso d veces al año, debe enviar correos electrónicos de agradecimier a sus clientes leales.

La mayoría de las veces, las empresas envían correos electrónicos de agradecimiento el día en que se fundó la empresa. Demuestra que aprecias a tus clientes y les permite sentir una conexión más profunda con tu marca.

rreos electrónicos de notificación / recordatorio

e tipo de correos electrónicos recuerdan a los suscriptores re cualquier notificación de renovación o notificación de ordatorio de servicio. Por lo general, este tipo de correos ctrónicos no requiere que se coloque un botón de llamada a la ión en el cuerpo del correo electrónico.

rtificaciones y correos electrónicos de confirmación

r lo general, solo enviaría este tipo de correo electrónico para ificar ciertos formularios de acuerdo y certificaciones, que juieren tareas paso a paso. Debe hacer que estos pasos sean nás fáciles posible al incluir varios botones de llamado a la ión. El tipo de correo electrónico "He leído los términos y ndiciones y estoy de acuerdo" se incluye en esta categoría.

eación de su primera campaña de marketing por rreo electrónico

primer paso que debe dar al crear su primera campaña de arketing por correo electrónico es estructurarla para que sea il de leer. Con la capacidad de atención de los adultos cada z más cortos, es esencial que cree correos electrónicos que an fáciles de entender para el adulto promedio. Desea crear a copia precisa con el único propósito de llevar a su audiencia cia la llamada a la acción final.

A continuación, querrá personalizar su campaña de correo electrónico. Puede utilizar una lista segmentada o incluso la integración de terceros que viene con la mayoría de los programas de marketing por correo electrónico para personaliz su campaña.

Para fomentar una mayor interacción con la personalización de su campaña, debe asegurarse de agregar el nombre de la persona en la línea de asunto para atraer la atención del lector luego crear una copia que incluya información relevante basad en sus intereses.

Desea asegurarse de que está utilizando todos los datos que el suscriptor proporciona cuando se registra para determinar el tip de contenido que desea enviarles.

También debe asegurarse de que su campaña de correo electrónico facilite enormemente la conversión del lector en nuevos clientes potenciales. Debe asegurarse de que su campaña de correo electrónico sea fácil de leer, ya que más de 40 por ciento de los lectores abren sus correos electrónicos en dispositivo móvil. Esto significa que es esencial que su campañ de correo electrónico sea compatible con dispositivos móviles.

apítulo 3 - Creación de su lista de correo

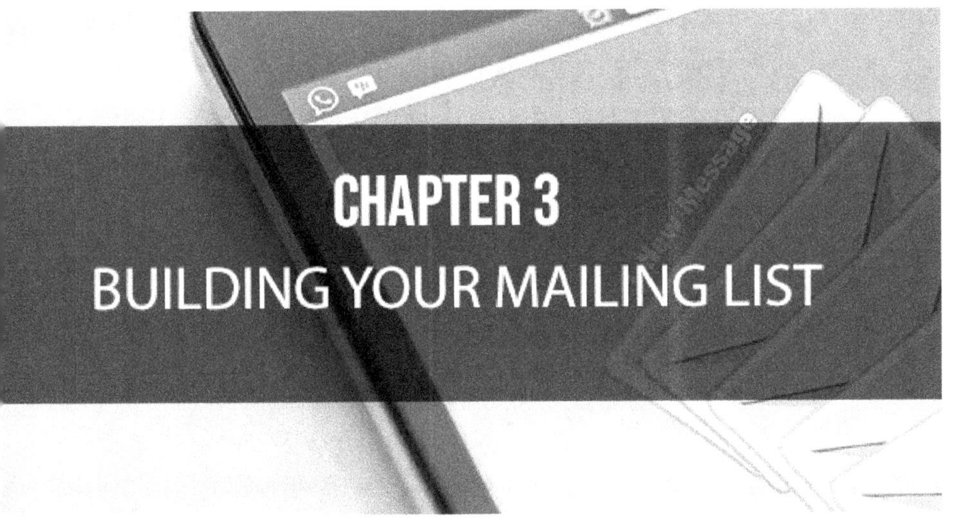

desea desarrollar una campaña de marketing por correo ectrónico exitosa, deberá desarrollar una estrategia coherente ira crear y hacer crecer su lista de correo electrónico. Uno de s elementos fundamentales de cualquier iniciativa de creación : listas debería ser la recopilación de registros de correo ectrónico en su sitio web.

s probable que las personas interesadas en su negocio ya estén sitando su sitio con frecuencia. Es por eso que debería utilizar ı sitio web como una de las principales formas de recopilar ıscripciones por correo electrónico.

Imanes de plomo

A cambio de registrarse en su lista de correo electrónico, debe ofrecer a sus suscriptores algo de valor. Puede ser una lista de recursos, un cupón de descuento o un informe gratuito. En el mundo del marketing por correo electrónico, esto se conoce como lead magnet.

Muchos visitantes del sitio web dudan en ingresar su dirección de correo electrónico en un formulario de suscripción en un sitio web debido al riesgo percibido de recibir más correos electrónicos no deseados. Sin embargo, si desarrolla una oferta convincente y valiosa para que los suscriptores potenciales deseen su imán de plomo lo suficiente como para superar cualquier posible temor de recibir más correos electrónicos no deseados.

Tus suscriptores saben que su dirección de correo electrónico es valiosa para ti, y necesitas ofrecerles algo de igual valor a cambio.

Un buen lead magnet ayudará a los visitantes de su sitio web a aprender una habilidad específica, realizar una tarea en particular o resolver un problema específico. El lead magnet en cualquier página de su sitio web debe estar directamente relacionado con el contenido de esa página.

bien es posible que deba crear múltiples imanes de clientes enciales para diferentes partes de su sitio a lo largo del npo, el trabajo adicional valdrá la pena cuando mejore nificativamente sus tasas de suscripción. Puede ahorrar npo y utilizar contenido PLR de alta calidad que sea relevante a su nicho. Puede encontrar imanes de clientes potenciales tables en sitios de membresía PLR como indigitalworks.com.

uí hay algunas variedades comunes de imanes de clientes enciales que puede incluir para ayudar a construir y hacer cer su lista de correo electrónico.

orme o guía gratis

tos son los tipos más comunes de lead magnet que se utilizan ra obtener nuevos suscriptores de correo electrónico. El orme o la guía que ofrezca debe ayudar a su audiencia a render sobre algo que les interesa o ayudarlos a lograr un jetivo específico.

r ejemplo, si tuvieras un sitio web sobre marketing, podrías ecer una guía gratuita que ayude a tu audiencia a crear su mera campaña publicitaria en Facebook. De lo contrario, el ntenido de su informe gratuito no debería estar disponible en sitio web.

Lista de recursos

Una lista de recursos es simplemente una lista de productos, servicios, herramientas y hojas de trabajo que ayudarán a sus suscriptores a comenzar más rápidamente con lo que desea enseñarles. Si tiene un blog de finanzas personales, puede proporcionar a los nuevos suscriptores una lista de herramien y recursos de software para presupuestar que los ayuden a realizar un seguimiento de sus deudas, asegurarse de que tengan el tipo de seguro adecuado y determinar si están ahorrando lo suficiente para la jubilación.

Prueba gratis

Si tiene una empresa de software como servicio (SaaS), podría pensar en ofrecer a los nuevos suscriptores una prueba de 14 30 días de su servicio como lead magnet. Ofrecer una prueba gratuita hará que los usuarios se involucren en su aplicación SaaS y le dará la oportunidad de enviarles contenido de marketing por correo electrónico.

Software descargable

Si su empresa produce algún tipo de software que se pueda descargar, podría pensar en solicitar a los usuarios que ingres su dirección de correo electrónico para descargar el software.

scuentos o envío gratis

enudo, las tiendas de comercio electrónico ofrecerán un
ón único para usar en su primer pedido con su empresa. Si
n ofrecer un descuento a nuevos clientes puede reducir el
cio total del primer pedido de un cliente, aumentará
nificativamente la probabilidad de que se conviertan en
ntes en primer lugar, porque recibirán un correo electrónico
re los productos y servicios de su empresa.

ductos físicos

es esencial tener una dirección postal física para sus
scriptores, entonces puede ofrecer un producto físico
onómico de producir como su imán principal. Las herramientas
queñas como linternas, destornilladores y cuchillos se utilizan a
enudo como imanes de plomo de productos físicos. Para
mpensar el costo de producción y envío de un producto físico,
mbién puede cobrar una pequeña tarifa de envío y manejo que
neralmente pagará tanto por el producto como por el envío.

no está seguro de qué imán de prospectos funcionará mejor
ra su sitio web, hay una gran cantidad de recursos disponibles
línea que ofrecen ideas específicas para los imanes de
ospectos. Puede realizar una búsqueda en Google de "ideas
ra imanes de clientes potenciales" que le devolverán docenas
páginas de artículos que contienen ideas para imanes de

clientes potenciales que puede modelar. También puede consultar los sitios web de la competencia para ver qué tipos de imanes de plomo pueden ofrecer.

Mensajería y copia

Una vez que haya determinado el imán de clientes potenciales que va a utilizar, deberá identificar el tipo de mensaje que va a utilizar para que sus posibles suscriptores se registren en su lista de correo.

El idioma que utilice en sus formularios de suscripción tendrá un impacto significativo en la cantidad de suscripciones por correo electrónico que reciba. Al crear una oferta atractiva y relevante al utilizar un lenguaje fuerte con llamadas a la acción claras, sus tasas de suscripción serán mucho más altas.

Si bien otras estrategias de creación de listas pueden requerir una inversión en efectivo por adelantado, los suscriptores que se inscriben a través de su sitio web son efectivamente gratuitos. dedica suficiente tiempo a redactar una copia convincente, crea un imán de prospectos altamente deseable e implementar un complemento de formulario de suscripción voluntaria, su lista de correo crecerá constantemente con el tiempo.

apítulo 4 - Escribir correos electrónicos ue inspirarán a su audiencia a actuar

n lugar a dudas, ha escrito miles de correos electrónicos en su a. Probablemente envíe y reciba correos electrónicos de su milia, amigos, compañeros de trabajo e incluso extraños de rma regular. Si bien escribir un correo electrónico a cualquier rsona es una propuesta sencilla, enviar un correo electrónico a gran grupo de personas requiere un conjunto de habilidades mpletamente diferente.

ebe poder crear un mensaje que no solo atraiga la atención de na audiencia diversa, sino que también comunique claramente solo objeto e inspire a los lectores a realizar la acción deseada, y todo debe hacerse sin el uso de audio, video , imágenes y otro contenido dinámico. También debe descubrir cómo lidiar con las peculiaridades técnicas del correo electrónic evitar los filtros de correo no deseado y mantener el cumplimier de las leyes contra el correo no deseado. Escribir correos electrónicos eficaces es tanto una ciencia como un arte.

Entendiendo a su audiencia

Tienes que entender quién es tu audiencia si quieres escribirles de forma eficaz. Necesita saber cuántos años tienen sus suscriptores típicos, a qué se dedican, su género si están casados y muchos otros datos demográficos. Si no sabe estas cosas, debe realizar una encuesta y pedir a las personas que compartan su información con usted para que tenga una mejor idea de quiénes componen su lista de correo electrónico.

Es muy recomendable que cree un personaje de ficción que personifique a su cliente típico. Esto se conoce como avatar. Al crear un avatar, tendrá una mejor idea de a quién se dirige y le permitirá adentrarse en las mentes de sus suscriptores.

Cuando escriba un correo electrónico a su lista de correo, escrib como si estuviera enviando un mensaje personal a su avatar. Pregúntese qué le gustaría escuchar a su avatar para poder actuar en función de su correo electrónico.

ando escribes a tu avatar y usas mucho lenguaje "tú", tus
criptores pensarán inconscientemente que tu correo
ctrónico fue escrito explícitamente para ellos y será más
bable que se involucren con el mensaje. Debe mantener el
oque en sus suscriptores tanto como sea posible,
gurándose de enviar sus correos electrónicos sobre ellos y no
re usted.

rtes de un correo electrónico

ando se está preparando para armar un correo electrónico, es
il pensar que lo único de lo que debe preocuparse es de
cribir el cuerpo del mensaje. Sin embargo, hay varios
mponentes diferentes de cada mensaje que envía a su lista.

desea que su campaña de marketing por correo electrónico
ga éxito, debe pensar y esforzarse tanto en las otras partes de
correo electrónico como en el cuerpo del mensaje principal.
tos son los componentes clave de un correo electrónico.

nea de asunto

te es el asunto de su mensaje. Es lo primero que verán tus
scriptores, y es lo que determinará si abren o no tu mensaje.

Preencabezado

El preencabezado es el texto de vista previa que se incluye después de la línea de asunto en algunos servicios de correo electrónico como Gmail. Puede servir como una segunda línea asunto que debería animar aún más al lector a abrir su correo electrónico. Si no agrega intencionalmente un preencabezado, mayoría de los servicios de correo electrónico utilizarán la primera o las dos primeras oraciones de su correo electrónico como preencabezado.

Nombre "De"

Este es el nombre de la persona que envía el correo electrónico Desea utilizar su nombre personal en lugar del nombre de su empresa porque es más probable que la mayoría de los usuario de correo electrónico abran un correo electrónico de una perso real.

Cuerpo del mensaje

Este es el texto principal de su correo electrónico. Contendrá el mensaje que desea transmitir a sus suscriptores.

mada a la acción

e será un hipervínculo situado en la parte inferior del cuerpo
su mensaje que persuadirá a los lectores a realizar una acción
ecífica, como hacer clic en el hipervínculo.

ma

ere mantener su firma de correo electrónico simple. Las firmas
correo electrónico largas pueden distraer el contenido principal
su correo electrónico.

mejor firma es su nombre personal en la primera línea y el
nbre de su empresa en la siguiente línea.

sdata

posible que desee considerar el uso periódico de una "PS"
bajo de su firma de correo electrónico para que sirva como una
rramienta de ventas secundaria después de su correo
ectrónico principal.

e de página

pie de página generalmente contendrá un enlace para cancelar
suscripción y otra información que debe incluir para cumplir
n las leyes antispam. Esto podría incluir su dirección postal y el

nombre de su empresa. Es probable que el pie de página sea mismo para todos los correos electrónicos que envíe.

Mantener sus correos electrónicos equilibrados

Si bien enviará correos electrónicos a su audiencia por una variedad de razones, debe mantener un equilibrio saludable er el envío de correos electrónicos que brindan valor a su audienc y los correos electrónicos que le quitan valor.

Los correos electrónicos que contienen información que es útil para su audiencia, sin costo para ellos, como contenido educativo, consejos, recursos y videos de capacitación, brindar valor a su audiencia. Los correos electrónicos que piden a su audiencia que compre un producto o que tomen medidas que lc beneficien a usted más que a ellos obtendrán valor de su audiencia.

Debería considerar enviar al menos dos correos electrónicos de valor agregado a su audiencia, por cada correo electrónico que se lo quite. Idealmente, proporcionará tanto valor a su audienci que responda a sus correos electrónicos de ventas y marketing por pura gratitud por el valor que ya ha proporcionado.

cribir grandes líneas de asunto

s palabras más importantes que escribirás como parte de tu
rategia de marketing por correo electrónico son las líneas de
unto. Si escribe una línea de asunto que no está inspirada y no
ota la atención de sus suscriptores, probablemente no abrirán
mensaje.

gún un informe reciente, el 64 por ciento de las personas dicen
e elegirán abrir un correo electrónico debido a la línea de
unto. Si escribe una línea de asunto convincente, se le
rantiza que recibirá tasas de apertura más altas, lo que
nerará más clics y más ventas.

ua línea de asunto bien escrita a menudo puede recibir el doble
 tasas de apertura que una mal escrita, lo que, a su vez,
plicará sus tasas de clics y duplicará las ventas generadas por
correo electrónico.

mbién hay una serie de técnicas que puede utilizar para
odificar las líneas de asunto para enfatizar las palabras y hacer
omesas no dichas sobre el contenido de su mensaje.

va a utilizar cualquiera de estas diversas técnicas, es esencial
ue las cambie de correo electrónico a correo electrónico y no
ilice ninguno de los métodos más de dos veces al mes. Los

suscriptores notarán estos patrones si los usa con demasiada frecuencia y los hará ineficaces.

Prácticas recomendadas para seguir con su correo electrónico

Cuando crea un correo electrónico, existen varias prácticas recomendadas que debe seguir para obtener los mejores resultados.

No confíe en las imágenes

Aproximadamente entre el 10 y el 30 por ciento de sus lectores nunca harán clic en "habilitar imágenes" en sus correos electrónicos. Esto significa que nunca debe confiar en las imágenes para transmitir puntos críticos en su copia. Si decide utilizar imágenes, asegúrese de utilizar un texto ALT claro y descriptivo. Puede usar el estilo CSS para hacer que su texto ALT sea más grande y más visible para los suscriptores que no habilitan imágenes.

Evite errores gramaticales y ortográficos

Un gran inconveniente para muchos suscriptores de correo electrónico es la mala gramática, el uso de mayúsculas y los errores ortográficos. Si desea hablar con autoridad experta a su audiencia, debe hacerlo con una redacción clara y adecuada.

die creerá que eres una autoridad en algo si no puedes escribir
oración completa, libre de gramática y ortografía. Asegúrate
evisar todos los correos electrónicos que escribes en busca
errores o considera que otra persona revise tu correo
ctrónico antes de enviarlo.

luir varios hipervínculos

iene un enlace específico en el que desea que sus lectores
jan clic, debe agregar un total de tres hipervínculos a cada
reo electrónico. Asegúrese de incluir un hipervínculo con su
nado a la acción principal en la parte inferior de su mensaje,
como justo encima de su firma de correo electrónico.

nbién desea agregar hipervínculos a algunas palabras
evantes en el primer párrafo de su correo electrónico para
gir a los lectores a la página de su sitio que desea que visiten.
almente, debe incluir una segunda llamada a la acción debajo
su firma de correo electrónico y en cualquier posdata que
regue en los correos electrónicos.

ite los correos electrónicos con mucho diseño

más probable que los suscriptores lean los correos
ctrónicos que provienen de una persona en lugar de una
presa sin rostro. Si bien las empresas utilizan con frecuencia
antillas en su correo electrónico, la gente rara vez lo hace.

Desea intentar evitar el uso de plantillas de diseño pesado para que sus correos electrónicos parezcan más personales.

Utilice solo una llamada a la acción por correo electrónico

No desea intentar que sus suscriptores hagan varias cosas en solo correo electrónico. Cada correo electrónico que envíe a su lista debe tener un único propósito y una única llamada a la acción que desea que realicen. Será menos probable que los lectores respondan si tienen que considerar cuáles de sus llamadas a la acción, si las hay, desean tomar.

Tener un enlace claro para cancelar la suscripción

No intente aumentar u oscurecer su enlace de cancelación de suscripción. Tenga un enlace claro para darse de baja en un tamaño de fuente medio. Si decide ocultar su enlace de cancelación de suscripción, sus suscriptores pueden reportar su mensaje como spam, lo que lo pone en peligro con su proveedor de servicios de correo electrónico si su cuenta recibe demasiadas quejas de spam.

La redacción publicitaria es una habilidad que llevará algún tiempo dominar. Durante los primeros meses, los correos electrónicos que envíe no serán perfectos, y eso está bien. Con el tiempo, sus habilidades de redacción mejorarán y eventualmente se convertirá en un excelente redactor cuyos correos electrónicos obtienen resultados.

Capítulo 5 - Medición de resultados y optimización de su estrategia

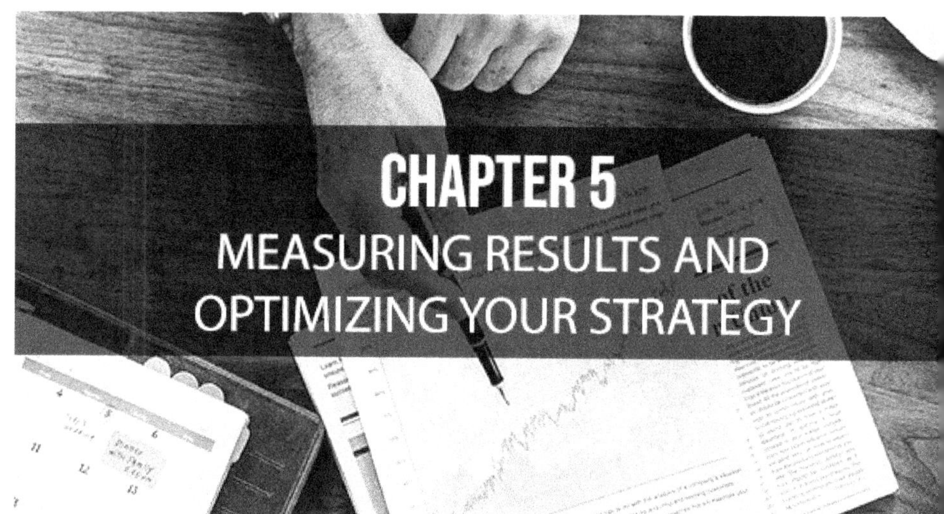

Para determinar si sus campañas de marketing por correo electrónico están funcionando o no, debe analizar los datos de sus campañas. Las medidas de marketing, cuando todo está dicho y hecho, siempre sirven para lograr un objetivo predefinido y si lo ha logrado o no, solo se puede determinar mediante el uso de los KPI (indicadores clave de rendimiento) adecuados.

Los resultados que obtenga también pueden ayudarlo a decidir si puede ampliar su presupuesto para su estrategia de marketing por correo electrónico.

emás, el análisis de datos es una parte esencial para poder imizar continuamente su campaña de marketing por correo ctrónico. La única forma en que podrá medir el éxito de su mpaña de marketing por correo electrónico es si examina y aliza las medidas más críticas de forma regular.

sa de entrega y tasas de rebote

tre otras medidas, las herramientas de marketing por correo ectrónico medirán la tasa de entrega, así como la tasa de bote de sus correos electrónicos. Estas dos medidas son tuamente complementarias y dependen de varios factores, mo las condiciones técnicas y la reputación del remitente.

tasa de rebote de sus correos electrónicos siempre debe ser erior al uno por ciento si desea tener una campaña exitosa. Si s tasas de rebote son más altas que esto, deberá realizar un antenimiento en su lista y determinar qué direcciones de correo ectrónico ya no son válidas y eliminarlas de la lista de correo ectrónico.

ango abierto

refiere al porcentaje de suscriptores que abren los correos ectrónicos que les envías. Esta cifra puede basarse en la ntidad total de correos electrónicos abiertos o en la cantidad de

destinatarios que abrieron el correo electrónico. El último núme
es más significativo y se conoce como "tasa de apertura única"

Tasa de clics

La tasa de clics representa la proporción entre los destinatarios
que hacen clic en al menos un enlace en un correo electrónico
la cantidad de correos electrónicos enviados. Puede utilizar es
medida para determinar si la copia de su correo electrónico y la
llamadas a la acción son lo suficientemente convincentes como
para que los usuarios tomen medidas. Esta es la medida más
crucial que debe realizar un seguimiento en su campaña de
marketing por correo electrónico.

Tasa de clic para abrir

Esta medida es la relación entre el número de clics únicos y el
número de aperturas únicas. El valor de referencia, en este cas
no se basa en el número total de destinatarios, sino en el núme
de destinatarios que abrieron el correo electrónico.

Si sus tasas de clic para abrir (CTOR) son bajas, podría signific
que el contenido del correo electrónico no cumple con las
expectativas planteadas por su línea de asunto. Esto significa
que una gran cantidad de sus suscriptores abrieron el correo
electrónico, pero encontraron que el contenido del correo

ctrónico no era interesante y no hicieron clic en ninguno de los aces.

a de conversión

asa de conversión es el porcentaje de destinatarios que cutaron la acción deseada al final del proceso. Esto puede ser lquier cosa, desde comprar un producto, descargar un libro ctrónico o registrarse para un seminario web. Puede utilizar a medida para determinar el éxito final de su campaña de rketing por correo electrónico.

a de cancelación de suscripción

bastante razonable con los suscriptores de correo electrónico se de baja de una lista de correo electrónico porque ya no eren recibir noticias de la empresa. La tasa de cancelación de scripción describe la proporción de cancelaciones de scripción a la cantidad total de correos electrónicos regados.

r lo general, puede esperar tener una tasa de cancelación de scripción de aproximadamente 0,25 a 0,50 por ciento para da envío. Como se indicó anteriormente, es esencial que luya un enlace de cancelación de suscripción claramente ible en cada correo electrónico y que implemente un proceso cancelación de suscripción que sea limpio y simple.

Tasa de crecimiento de la lista de correo electrónico

La tasa de crecimiento de la lista de correo electrónico indica e
aumento neto en el número de suscriptores de correo electrón
dentro de un período determinado. Por lo tanto, este valor es
negativo en los casos en que una lista de correo se reduce.

Tasa de quejas de spam

Esta medida muestra cuántos correos electrónicos entregados
marcaron como spam. Su tasa de quejas de spam no debería
superar el 0,3 por ciento. Cualquier cosa más alta que eso y
puede esperar que los proveedores de correo electrónico
impongan sanciones cuando intente enviar correos electrónico
futuros.

Retorno de la inversión

Su retorno de la inversión (ROI), es el índice financiero que se
utiliza para medir el retorno de una estrategia empresarial. Esta
medida compara la ganancia con el capital invertido. Cuando s
utiliza en marketing por correo electrónico, el término se refiere
la relación entre los costos necesarios para una medida de
marketing por correo electrónico y los ingresos generados por
ella.

finiendo sus metas

es de enviar sus primeros correos electrónicos y comenzar a lizar los resultados, debe determinar los objetivos de su rketing por correo electrónico y lo que va a medir. Puede ablecer objetivos como ganar nuevos clientes, aumentar los resos o aumentar el conocimiento de la marca, o puede ser a combinación de objetivos. Para que pueda definir objetivos cretos, también necesitará establecer los KPI adecuados.

 mediciones como la tasa de clics, la tasa de conversión y la a de crecimiento de la lista de correo electrónico siempre en estar en su lista de métricas para analizar. Sin embargo, bién debe especificar y realizar un seguimiento de los KPI rectos según los objetivos que desee lograr. Por ejemplo, si su etivo es ganar más suscriptores, debe concentrarse en la tasa crecimiento del correo electrónico, así como en las tasas de scripción / cancelación de suscripción. Si su objetivo número o es aumentar los ingresos, debe centrarse en la tasa de nversión.

timización continua

alizar los datos asociados con sus campañas de marketing por rreo electrónico es un proceso interminable. Deben usarse ra descubrir áreas potenciales de mejora en sus campañas de marketing por correo electrónico y deben fluir inmediatamente a la planificación de sus campañas posteriores.

Deberá comparar los resultados de medición que se logran con sus diferentes campañas de correo electrónico para tener una mejor idea de lo que funcionó y lo que no funcionó.

A medida que optimiza su campaña de marketing por correo electrónico, pruebe diferentes líneas de asunto, envíe los correos electrónicos en diferentes momentos, coloque diferentes botones de llamada a la acción, etc., hasta que encuentre una fórmula que funcione. Si descubre que los resultados de las mediciones específicas no son satisfactorios, debe investigar un poco para averiguar la causa, de modo que pueda optimizar aún más sus correos electrónicos para obtener los resultados deseados.

Conclusión

ando comienzas con el marketing por correo electrónico,
bes prestar especial atención a tu audiencia. Dado que cada
o de sus suscriptores tendrá diferentes necesidades e
ereses, es esencial que analice sus datos y cree de manera
ctiva una variedad de estrategias diferentes que pueda
plementar para influir en su audiencia para que compre lo que
ne para ofrecer.

egúrese de proporcionar a sus lectores contenido interesante,
ámico y relevante para mantener a su audiencia feliz de recibir
s mensajes.

cuerde que el marketing por correo electrónico es un proceso
ntinuo para tratar de no frustrarse demasiado si no ve
sultados inmediatos. Sus suscriptores están bien informados y

tendrá que trabajar duro para proporcionarles información valic
y establecer la conexión antes de poder influir en ellos para
realizar una compra.

Si se compromete a implementar excelentes prácticas
comerciales, y cuanto más cumpla sus promesas, más sus
suscriptores confiarán en usted, este es el mejor momento para
implementar el marketing por correo electrónico en su estrategi
general de marketing porque la información está disponible y
usted tiene muchas formas de obtener nuevos suscriptores y
promover aún más su negocio.

Tomarse el tiempo para implementar las estrategias de este libi
lo ayudará a convertirse en un destacado especialista en
marketing por correo electrónico.

tículos

í hay algunos artículos breves que se dan como "alimento a el pensamiento".

s 5 mejores consejos de marketing por correo ctrónico para crear una campaña exitosa

esar de lo que pueda haber escuchado, el marketing por reo electrónico es un proceso complejo con muchas partes viles. A pesar de la naturaleza complicada de este método de rketing, aún puede tener una campaña de marketing exitosa nteniendo el proceso relativamente simple. Estos son cinco de principales consejos de marketing por correo electrónico para ar una campaña exitosa.

nsejo n. ° 1: asegúrese de que cada correo electrónico ntenga enlaces obvios

propósito completo de su marketing por correo electrónico es nerar más tráfico a su página de destino, sitio web o página de oducto. Sin generar más clics en su sitio web o página, no drá convertir clientes. La forma de lograrlo es mediante la clusión de muchos enlaces en la copia del correo electrónico y egurándose de que no se puedan perder.

Consejo n. ° 2 - Facilite la cancelación de la suscripción

Si bien esto puede parecer contrario a la intuición para facilita que los usuarios abandonen su lista de correo electrónico, la c opción es mucho menos atractiva. Si sus usuarios se frustran intentar eliminarse de su lista, eventualmente comenzarán a marcar su correo electrónico como spam. Cada vez que un usuario marca su correo electrónico como spam, cuenta en contra de su reputación de remitente con los proveedores de correo electrónico, lo que hace que sea mucho más difícil que sus correos electrónicos terminen en la bandeja de entrada en lugar de en la carpeta de correo no deseado.

Consejo n. ° 3: mantenga su texto breve y fácil de escanea

La mayoría de las personas que reciben sus correos electrónic no van a leerlo en su totalidad. Lo escanearán en busca de los puntos clave que les interesan. Use fuentes en negrita y colore adicionales para resaltar palabras clave o frases y mantenga s texto corto. Tener demasiado texto hará que sus correos electrónicos se eliminen rápidamente y puede crear un mayor riesgo de que sus correos electrónicos activen los filtros de correo no deseado.

Consejo n. ° 4: envíe correos electrónicos de prueba antes de enviarlos a su lista principal

hay nada peor que enviar un correo electrónico y luego cubrir que algo se rompió en el dolor de vista previa de los veedores de correo electrónico. Antes de enviar correos ctrónicos a toda su lista, asegúrese de enviar una versión de eba a una cuenta de prueba utilizando todos los grandes veedores de correo electrónico. De esta manera, puede ectar cualquier error y corregirlo antes de enviarlo a su lista cipal.

nsejo n. ° 5: pida siempre al usuario que agregue su reo electrónico a su lista de contactos

be recordarles a los usuarios, en cada oportunidad, que si eren asegurarse de continuar obteniendo la información iosa que les encanta recibir de usted, deben agregar su ección de correo electrónico a su lista de contactos. De esta nera, puede asegurarse de que sus correos electrónicos no se treguen automáticamente a sus carpetas de correo no seado.

tos cinco consejos principales de marketing por correo ectrónico no lo convertirán en un experto en marketing por reo electrónico perfecto, pero lo pondrán por delante de su mpetencia. Utilice estos consejos como una lista de

verificación cuando prepare sus campañas de correo electrón
para asegurarse de que tengan éxito.

Los KPI más importantes para medir el éxito del marketing por correo electrónico

Si está utilizando campañas de marketing por correo electróni
en su empresa para atraer a sus clientes y aumentar las venta
¿cómo sabe si son efectivas? La única forma de saber con
certeza si su campaña de marketing por correo electrónico est
funcionando es midiendo sus indicadores clave de rendimiento
(KPI), que son métricas de marketing específicas que puede
monitorear para medir el progreso de sus campañas de
marketing por correo electrónico. Estas son las métricas más
importantes que debe tener en cuenta para su campaña de
marketing por correo electrónico.

Tasa de entregabilidad

La tasa de capacidad de entrega se refiere a dónde terminan s
mensajes de correo electrónico una vez que se han entregado.
Le dice si sus correos electrónicos terminaron en la bandeja de
entrada del suscriptor o si terminaron en su carpeta de correo r
deseado.

ngo abierto

e es el porcentaje de suscriptores que abrieron su correo
ctrónico, vieron su correo electrónico y si lo abrieron más de
a vez. Por ejemplo, si envía un correo electrónico a 100
sonas y 25 de esas personas abrieron su correo electrónico,
onces su tasa de apertura será del 25 por ciento.

c por calificaciones

tasa de clics le muestra la cantidad de personas que hicieron
c en al menos uno de los enlaces de su correo electrónico.
ta es una buena manera de medir el interés de sus
scriptores porque le muestra cuántos están tomando tiempo
ra hacer clic y profundizar un poco más.

sa de conversión

métrica de tasa de conversión le permite llevar las cosas un
co más allá al observar la acción definitiva en la que desea que
sulten los clics. Mide el porcentaje de personas que hicieron
c en un enlace en su correo electrónico y completaron la acción
seada, como realizar una compra o rellenar un formulario.

orcentaje de rebote

Esta métrica analiza la cantidad de correos electrónicos que no llegaron a la bandeja de entrada de sus clientes. Hay dos tipos diferentes de tasas de rebote que debe realizar un seguimiento: la tasa de rebote suave y la tasa de rebote duro. La tasa de rebote suave es cuando la casilla de correo electrónico del suscriptor está llena o hay un problema con el servidor. Un rebote fuerte es cuando hay una dirección de correo electrónico no válida y su correo electrónico se recupera.

Tasa de cancelación de suscripción

Este es el porcentaje de personas que se dan de baja de su lista de correo electrónico. Si tiene un correo electrónico en particular que da como resultado altas tasas de cancelación de suscripción, entonces querrá repensar algunas cosas y ajustar su próxima campaña en consecuencia.

Tasa de crecimiento de la lista

Esto le muestra qué tan rápido está creciendo su lista de correo electrónico. La métrica tiene en cuenta los rebotes, las cancelaciones de suscripción y la cantidad de contactos que se agregan a su lista durante un tiempo específico.

Estar atento a estas métricas clave lo ayudará a desarrollar una campaña de marketing por correo electrónico exitosa.

5 mejores servicios de marketing por correo ctrónico para su pequeña empresa

gir el servicio adecuado para su marketing por correo ctrónico puede tener un impacto significativo en si su campaña e éxito o no. El marketing por correo electrónico se ha vertido en una de las herramientas más rentables que una presa puede incluir en su estrategia general de marketing. El o o el fracaso de una campaña de marketing por correo ctrónico depende en gran medida del software que elija que es responsable de asegurarse de que sus correos ctrónicos se entreguen con precisión. Si ha decidido hacer del rketing por correo electrónico una prioridad para su negocio e año, aquí tiene cinco de los mejores servicios de marketing correo electrónico para su pequeña empresa.

ntacto constante

nstant Contact, uno de los servicios más grandes y de más ido crecimiento del mundo, es uno de los servicios más cesibles para los principiantes en marketing por correo ctrónico. Le permite administrar de manera eficiente sus listas correo electrónico, plantillas de correo electrónico, contactos, endario de marketing y más. Cada cuenta que configuras te brinda acceso a un seguimiento e informes sencillos, una biblioteca de imágenes gratuita, herramientas para compartir las redes sociales, segmentación de listas y una poderosa integración de comercio electrónico para las tiendas Shopify.

Goteo

Drip es un servicio de marketing por correo electrónico increíblemente poderoso para bloggers, tiendas de comercio electrónico y especialistas en marketing. Proporcionan una amplia gama de herramientas que facilitan la automatización de su campaña y la personalización de correos electrónicos. El servicio ofrece a los usuarios una integración perfecta para tod los creadores de sitios web populares, lo que le permite agrega formularios de registro a su sitio web para que pueda capturar más clientes potenciales.

SendinBlue

Este es un servicio completo de marketing por SMS y correo electrónico para empresas. La plataforma es increíblemente fá de usar y proporciona excelentes herramientas para crear campañas de correo electrónico hermosas y muy atractivas. SendinBlue incluye útiles herramientas de automatización para

cipiantes que le permiten crear flujos de trabajo, enviar
eos electrónicos transaccionales y segmentar usuarios.

nvertKit

nvertKit es un servicio sólido para autores, blogueros y
ecialistas en marketing, y es increíblemente fácil de usar y
remadamente poderoso. ConvertKit le permite ofrecer
ualizaciones de contenido e incentivos con formularios de
istro de correo electrónico fáciles de usar y viene con una
ción de respuesta automática fácil de administrar que le
mitirá enviar correos electrónicos por goteo. Te permite
mentar el contacto que te ayudará a aumentar las
versiones con correos electrónicos automatizados
sonalizados.

Veber

Veber, una de las plataformas de marketing por correo
ctrónico más antiguas, sigue siendo un proveedor de servicios
pular para las pequeñas empresas. Ofrecen una amplia gama
herramientas para que las pequeñas y medianas empresas
stionen sus campañas de marketing por correo electrónico. Es
cil comenzar con AWeber, ya que se conecta sin problemas a
mayoría de las plataformas de creación de sitios. Cuando se
gistra en el servicio, obtiene acceso a plantillas listas para usar,

administración de listas, seguimiento de correo electrónico y respuestas automáticas.

Si bien hay docenas de servicios de marketing por correo electrónico que puede utilizar, es esencial que elija el más adecuado para su negocio. Estas cinco opciones son excelent para aquellos que recién están comenzando a crear una campaña de marketing por correo electrónico.

Consejos rápidos para crear una copia de correo electrónico que convierta

Cuando se trata de su campaña de marketing por correo electrónico, la copia es uno de los principales factores determinantes de si su campaña tiene éxito o fracasa. El corre electrónico se ha convertido en un componente vital del marketing online para cualquier empresa. Si está buscando aumentar las aperturas, los clics y las conversiones con sus campañas de marketing por correo electrónico, aquí hay algun consejos rápidos para crear un texto que convierta.

Mantenlo simple

Tiene solo unos segundos para captar la atención de su públic por lo que desea asegurarse de utilizar una copia simple en tod sus correos electrónicos, así como en sus páginas de destino. N ce palabras complicadas o jerga de la industria en su texto; en lugar de; quiere escribir como si estuviera hablando con un amigo.

Hágalo escaneable

Lo último que desea hacer es abrumar a su lector con párrafos largos y toneladas de texto. Cree un diseño para sus correos electrónicos que divida su texto en secciones más cortas con subtítulos llamativos y listas numeradas o con viñetas. Esto permitirá que el lector lea rápidamente el correo electrónico y capte el mensaje que está tratando de transmitir.

Hablar de beneficios en lugar de funciones

Desea escribir una copia convincente que le permita al lector saber qué hay para él. Puede hacer esto hablando sobre cómo su producto o servicio los beneficiará en lugar de simplemente enumerar todas las características.

Utilice más "usted" y menos "nosotros"

Siempre desea mantener el enfoque de su copia en sus lectores, en lugar de proporcionar información innecesaria sobre usted o su empresa. Aquellos que se han suscrito a sus correos electrónicos están buscando cómo sus productos van a satisfacer sus necesidades y cómo pueden ayudarlos. Puede hacer esto centrándose más en el cliente y utilizando más la palabra "uste en su copia de correo electrónico.

Alinear la copia con la línea de asunto

Si puede hacer que sus suscriptores abran sus correos electrónicos, entonces debe asegurarse de cumplir con lo prometido en la línea de asunto. Si no lo hace, lo más probable es que pierda su confianza. Debe asegurarse de que la copia d su correo electrónico esté en línea con la línea de asunto, así como con el preencabezado.

Utilice las palabras clave de SEO con prudencia

Siempre es importante usar palabras clave en su copia de corr electrónico que aumentarán el interés de sus lectores y aumentarán sus posibilidades de éxito con los motores de búsqueda. Sin embargo, debe asegurarse de que su contenido sea útil y esté bien escrito, y debe evitar tratar de incluir demasiadas palabras clave que no pertenecen.

Si desea aumentar el éxito de sus campañas de marketing por correo electrónico, debe crear una copia que convierta. Estos seis consejos rápidos pueden ayudarlo a crear el tipo de texto

a sus campañas de correo electrónico que convierta
osamente a más clientes.

sas importantes que necesita saber para ejecutar a campaña de marketing por correo electrónico tosa

abías que se envían alrededor de 269 mil millones de correos ctrónicos todos los días? Eso es mucha competencia para que ntes ganar la atención de tu audiencia. Por eso es damental que aprenda a ejecutar una campaña de marketing correo electrónico de la manera correcta, para que pueda ar a su audiencia y mantener su interés. Estas son algunas de cosas más importantes que necesita saber para ejecutar una npaña de marketing por correo electrónico exitosa.

nozca sus metas

das las buenas estrategias de marketing comienzan con el ablecimiento de objetivos, y el marketing por correo ctrónico no es diferente. Para ejecutar una campaña de rketing por correo electrónico exitosa, debe pensar qué es lo e desea lograr. Estos son algunos de los objetivos típicos de a campaña de marketing por correo electrónico.

- Dar la bienvenida a nuevos suscriptores
- Impulsar el compromiso
- Nutrir a los suscriptores existentes
- Volver a atraer a los suscriptores
- Segmentando sus suscriptores

Puede crear sus objetivos de marketing por correo electrónico acuerdo con sus objetivos de conversión generales.

Comprensión de los diferentes tipos de correo electrónico

Además de conocer sus objetivos, también debe comprender l diferentes tipos de correos electrónicos que puede enviar. Si b las personas los agrupan de diferentes maneras, aquí están lo tres tipos críticos de correos electrónicos.

- Correos electrónicos promocionales: estos correos electrónicos hablan de ventas y ofertas y son autopromocionales.
- Correos electrónicos relacionales: brindan a los suscriptores lo qu les prometiste, como un obsequio, un boletín semanal o informaci relevante que pueden usar.
- Correos electrónicos transaccionales: estos incluyen confirmacion de suscripción de suscriptores, mensajes de bienvenida, confirmaciones de pedidos o compras.
- Reconocimientos de cambios en la información del suscriptor y generalmente son provocados por las acciones de un suscriptor.

Conozca a su audiencia

ecién está comenzando con el marketing por correo
ctrónico, tendrá que hacer algunas conjeturas si desea
ntar su contenido. Después de enviar su primera campaña,
nenzará a poder recopilar información de suscriptores para
er mejores datos con los que trabajar en su próxima campaña.
ede recopilar datos de Google Analytics o Facebook Insights
a obtener datos demográficos, intereses, ubicaciones y otra
rmación pertinente para brindarle una mejor instantánea de
audiencia.

ice la tecnología adecuada

mejores servicios de marketing por correo electrónico que
ede utilizar tendrán herramientas que lo ayudarán a crear
npañas de marketing por correo electrónico más exitosas.
unas de las características que desea buscar son la fácil
ación y automatización de campañas, integraciones con
tware que ya usa, formas de segmentar su audiencia y
álisis en profundidad sobre el rendimiento de sus campañas de
reo electrónico.

mprender estos cuatro aspectos esenciales del marketing por
reo electrónico lo ayudará a comenzar por el camino correcto
ra crear una campaña de marketing exitosa para su negocio.

Cómo conseguir más suscriptores de correo electrónico con las redes sociales

Puede ser una tarea abrumadora hacer crecer su lista de suscriptores de correo electrónico; sin embargo, si su empresa está activa en las redes sociales, tiene una herramienta tremer a su disposición. Las redes sociales pueden ponerlo frente a u audiencia más amplia, lo que le permitirá obtener más suscriptores. Aquí hay varias formas sencillas de obtener más suscriptores de correo electrónico con las redes sociales.

Utilice un formulario de registro simple

Independientemente del tamaño de su empresa, debe facilitar registro en su lista de correo electrónico. Si está utilizando Facebook, dedique una pestaña en la parte superior derecha d su página para un formulario de correo electrónico. De esta manera, las personas solo tienen que hacer clic en el icono par visitar su formulario de registro. Hay varias opciones diferentes para agregar y configurar un formulario de registro de correo electrónico en su perfil comercial de Facebook.

Obtenga una vista previa del contenido premium en sus perfiles sociales

su empresa crea contenido premium, puede ofrecer a los ibles suscriptores ese contenido de forma gratuita cuando se istren para obtener su dirección de correo electrónico. Si tiene cumentos técnicos, libros electrónicos, infografías u otro tenido premium para regalar, configure una página de destino a cada uno para generar nuevos suscriptores a partir de ese tenido. Publica, tuitea y comparte extractos del contenido a generar interés y tráfico.

mparte un incentivo para suscripciones

s incentivos pueden ayudar cuando se trata de aumentar la ntidad de nuevos suscriptores a su lista de correo electrónico. chas veces los usuarios solo necesitan un pequeño empujón ra actuar y suscribirse. Anunciar el incentivo en las redes ciales atraerá aún más la atención hacia su oferta y hará que ás personas se registren. Asegúrese de incluir una imagen y un mado a la acción sólido cuando publique sobre estos centivos.

ganice seminarios web para ganar suscriptores

na forma sencilla de compartir el lado humano de su empresa organizar un seminario web sobre su empresa. Puede presentar su negocio pidiendo a alguien de su empresa que discuta un tema relevante con su público objetivo. Uno de los principales objetivos de organizar un seminario web es capturar clientes potenciales en forma de nuevos suscriptores. Puede utilizar sus plataformas de redes sociales para anunciar y compartir el enlace a su seminario web.

Realizar un sorteo, concurso o sorteo

Una de las formas más efectivas de aumentar su lista de correo electrónico es utilizando sus plataformas de redes sociales para organizar sorteos, concursos y obsequios. Si bien muchos especialistas en marketing organizan juegos para aumentar su número de seguidores en las diversas plataformas de redes sociales, el objetivo principal siempre debe ser crear su lista de suscriptores.

Continuar aumentando su lista de suscriptores es una parte vital del éxito de su negocio. Estos consejos te ayudarán a llegar a l personas que ya te siguen en las redes sociales para aumentar los nuevos suscriptores.

jores formas de mejorar sus tasas de apertura de rketing por correo electrónico

ien muchas personas pueden pensar que el marketing por eo electrónico está muerto, todavía tiene una de las tasas de ticipación más altas de cualquier estrategia de marketing. emás, con un retorno promedio de $ 44.25 por cada $ 1 tado, el marketing por correo electrónico también tiene uno de retornos de inversión más altos. La clave para aprovechar o es encontrar una manera de destacar entre la multitud. Una na fácil de averiguar si sus esfuerzos están dando sus frutos orestar atención a las tasas de apertura de sus campañas de reo electrónico. Estas son algunas de las mejores formas en que puede mejorar las tasas de apertura de sus campañas de rketing por correo electrónico.

e una línea de asunto atractiva

primero que ven los consumidores en los correos electrónicos el asunto. Si no ha probado y optimizado el suyo, entonces á dejando dinero sobre la mesa. Las pruebas A / B no son o para sus páginas de destino y sitios web; también es una te esencial de su marketing por correo electrónico. Quieres untar a crear una línea de apertura informal y personal.

cribe contenido de calidad

Si sus clientes esperan que su empresa envíe correos electrónicos atractivos, entretenidos e informativos, verá un aumento sustancial en sus tasas de apertura. Sin embargo, si envía información que pueden encontrar en otro lugar, o no le envía más que correos electrónicos promocionales, sus mensajes terminarán en la papelera. Una de las mejores form de mantener altas las tasas de apertura es enviando correos electrónicos de alta calidad con menos frecuencia.

Envíe en el momento adecuado

En marketing, el tiempo lo es todo. Esto es especialmente cier cuando se trata de marketing por correo electrónico. Desea asegurarse de enviar correos electrónicos en el mejor momen en función de la audiencia, el mensaje y la intención. Puede hacer algunas pruebas para averiguarlo o puede investigar so la industria para determinar los resultados típicos.

Evite los filtros de spam

Los filtros en los servidores de correo electrónico son cada vez más sofisticados, y si sus correos electrónicos terminan en las carpetas de correo no deseado de los suscriptores, verá que s tasa de apertura se desploma. Si desea permanecer fuera de l

)etas de spam, debe asegurarse de evitar enviar correos
:trónicos que parezcan spam. Limite la cantidad de enlaces
su mensaje y asegúrese de que no se lea como un folleto.

as son algunas de las mejores formas de asegurarse de que
 correos electrónicos se abran. Si desea ejecutar una
ıpaña de marketing por correo electrónico que tenga éxito,
e trabajar para aumentar sus tasas de apertura.

omponentes imprescindibles de una campaña de
ırketing por correo electrónico

narketing por correo electrónico siempre ha sido un poderoso
ıal de marketing, y la automatización hace que todo el proceso
ı mucho más eficaz, rápido e inteligente. Si desea seguir
eniendo un ROI positivo, su campaña debe realizarse
rectamente. Si ha visto una disminución en el rendimiento de
 campaña de marketing por correo electrónico, es posible que
 esté perdiendo uno de estos cinco componentes
 prescindibles de una campaña de marketing por correo
 ctrónico.

plan

Debe tener un plan establecido antes de que pueda comenzar campaña de marketing por correo electrónico. Necesita crear estrategia de contenido que incluya temas que sean relevante para su audiencia. Deben ser temas que se basen en sus intereses. Para asegurarse de cumplir con el programa, cree u calendario de contenido que describa las fechas de lanzamien de cada campaña.

Líneas de asunto con mejor rendimiento

Las líneas de asunto que incluya en sus correos electrónicos influirán significativamente en las tasas de apertura. Desea evi líneas de asunto confusas, genéricas, engañosas y exagerada Haga que las líneas de asunto sean breves, informativas y concisas para obtener los mejores resultados. La línea de asur debe establecer las expectativas del lector y proporcionarles la esencia del correo electrónico. Abstenerse de usar palabras clave en mayúsculas y con contenido fraudulento como "gratis" "regalo" y "bonificación".

Personalización

Personalizar sus correos electrónicos es una de las formas más fáciles de destacar en las bandejas de entrada de sus suscriptores. El envío de correos electrónicos personalizados ayudará a generar confianza en la mente de su audiencia. Un ple truco de personalización, como dirigirse a los lectores por nombre, puede resultar increíblemente útil. Se ha demostrado e personalizar todo, desde la línea de asunto hasta los ductos ofrecidos, puede ayudar a aumentar las tasas de clics, que puede generar un aumento significativo de los ingresos.

gmentación

ando se trata de estrategias de marketing exitosas, una talla ca no sirve para todos. El marketing por correo electrónico se tra en conseguir que los suscriptores actúen y requiere que ga un conocimiento sólido de sus destinatarios. Conocer jor a su audiencia puede ayudarlo a crear segmentos que le rmitirán adaptar el contenido a cada suscriptor, lo que rantizará una mejor participación.

timización móvil

envío de un correo electrónico que no responde aparecerá sactualizado en un dispositivo móvil y tabletas. Dado que cada z más personas abren sus correos electrónicos en sus éfonos inteligentes y tabletas, la optimización móvil debe nvertirse en una parte natural del proceso. Si desea ejecutar a campaña de marketing por correo electrónico exitosa, egúrese de optimizar sus correos electrónicos para teléfonos óviles y tabletas.

Si desea ejecutar una campaña de marketing por correo electrónico exitosa, debe asegurarse de que estos cinco componentes imprescindibles estén incluidos en cada campaña que envíe.

5 errores que debe evitar en su campaña de marketing por correo electrónico

En estos días, la mayoría de las empresas tienen una estrategia de marketing por correo electrónico. Sin embargo, con más de 294 mil millones de correos electrónicos enviados todos los días, es crucial que su empresa se destaque entre la multitud. Lo último que desea hacer es dedicar su tiempo y esfuerzo a crear una campaña de correo electrónico solo para que sus correos electrónicos no se lean. Aquí hay cinco errores que debe evitar cometer con su campaña de marketing por correo electrónico.

Envío de correos electrónicos desde donotreply@yourdomain.com

Enviar sus correos electrónicos desde un correo electrónico sin respuesta o sin respuesta es increíblemente desagradable y poc ctivo. No se sorprenda si su tasa de apertura es baja si envía correos electrónicos desde una de estas direcciones.

mpre desea asegurarse de enviar correos electrónicos desde dirección a la que sus clientes puedan responder si tienen olemas o preguntas.

vío de correos electrónicos basados únicamente en agenes

o alrededor del 33 por ciento de los suscriptores de correo ctrónico tendrán sus imágenes activadas de forma determinada. Esto significa que casi dos tercios de sus scriptores no podrán leer su correo electrónico, sino que se contrarán con un cuadro largo y vacío. Además, los correos ctrónicos de solo texto tienen una tasa de clics un 40 por nto más alta que aquellos que solo contienen imágenes. Si cide utilizar imágenes, asegúrese de repetir todo en texto ple.

vincular a su sitio web

do el objetivo del marketing por correo electrónico es lograr e las personas hagan clic en el sitio web de su empresa. Su rreo electrónico debe incluir al menos un enlace que envíe a

los suscriptores a una página de destino dedicada que continú
con el mensaje de correo electrónico. De manera similar a las
campañas de marketing que utilizan motores de búsqueda,
desea crear una página de destino dedicada para su campaña
correo electrónico, asegurándose de incluir el enlace en el cor
electrónico.

Usando un enfoque de 'talla única para todos'

La forma más eficaz de cualquier método de marketing es la
relevancia. Su mensaje debe ser relevante para sus suscripto
El enfoque de talla única para todos ya no funciona. Ser
relevante demuestra que te preocupas por tus suscriptores. S
el 11 por ciento de las empresas segmentan sus listas de corr
electrónico, lo que hace que la creación de campañas de
marketing por correo electrónico relevantes sea una ventaja
competitiva para su empresa. Tu segmentación puede ser bás
o compleja. Al segmentar su lista y personalizar su mensaje,
tendrá más clientes comprometidos y mayores tasas de clics.

Ignorando el móvil

El cincuenta y cuatro por ciento de todos los correos electrónic
ahora se abren en un dispositivo móvil, y el 40 por ciento de lo
usuarios móviles revisan su correo electrónico más de cuatro
veces al día. Si su campaña de correo electrónico no está

nizada para dispositivos móviles, es posible que muchos de
suscriptores no puedan leer su mensaje.

ar estos cinco errores puede garantizar el éxito de su
paña de marketing por correo electrónico. El correo
trónico sigue siendo el canal de comunicación preferido por
ayoría de los clientes, por lo que crear una campaña de
eo electrónico eficaz le ayudará a superar a la competencia.

rmas efectivas de conseguir más suscriptores de
reo electrónico

de los activos más valiosos para su empresa es su lista de
eo electrónico. Sin embargo, esto solo es cierto si contiene
criptores que están ansiosos por escuchar lo que tiene que
ir y que desean comprar sus productos. Según una
stigación reciente, la tasa promedio de apertura de correo
trónico es solo del 32 por ciento, pero con una estrategia
ctiva y una planificación inteligente, puede hacer crecer su
y mantener sus tasas de participación más altas. Aquí hay
tro formas prácticas en las que puede obtener suscriptores de
eo electrónico más calificados.

ore una oferta más atractiva

La forma más importante y significativa de aumentar sus suscriptores es hacer que la oferta sea más atractiva. Si bien puede cambiar los colores de sus botones y mejorar pequeños factores en su correo electrónico, si no tiene una propuesta que convierta, está perdiendo su tiempo y dinero. Debe concentrar en brindarle a su público objetivo lo que realmente quiere si desea obtener más suscriptores.

Haga que el proceso sea lo más fácil posible

Cuanto más simple sea su formulario de suscripción, es más probable que alguien esté dispuesto a suscribirse. Al eliminar campo de nombre en su formulario, hará crecer su lista más rápido. Cada paso que pueda tomar para simplificar su formula de suscripción lo ayudará a aumentar sus suscriptores y const su audiencia. Cuantos menos pasos tenga entre un consumid que está interesado y que se registre ayudará a que su lista crezca.

Fomentar el compartir

Si tiene un correo electrónico que cree que obtendrá una reacción particularmente fuerte de sus suscriptores, puede alentarlos a que reenvíen el correo electrónico a sus familiares igos. Deberá asegurarse de tener una forma para que las sonas nuevas se registren y asegurarse de que aquellos a enes se les reenvía el correo electrónico no hagan clic en el ón para cancelar la suscripción. Siempre que pueda incluir alles sobre estos dos factores en el correo electrónico, puede dir a sus suscriptores actuales que reenvíen el correo ctrónico para que pueda encontrar más prospectos con ideas nes.

r a los usuarios más control sobre el contenido

rte de su objetivo al hacer crecer su lista de correo electrónico asegurarse de que la gente no se dé de baja. Si comienza a tar un aumento en las cancelaciones de suscripción, es posible e se deba a que la gente está abrumada. Para combatir este oblema, puede ofrecer una suscripción ligera o incluso planes diferentes niveles. La idea es intentar mantener a los scriptores en su lista, incluso si no están recibiendo toda su a de correos electrónicos.

desea comenzar a generar excelentes resultados con su rreo electrónico, entonces debe dedicar tiempo y esfuerzo para ear una excelente lista. Estas cuatro estrategias son una celente manera de obtener más suscriptores de correo ctrónico.

Sobre el Autor

CX Cruz nació en Puerto Rico y ha vivido en el área de la ciudad de Nueva York desde que tenía 14 años. Tiene títulos de posgrado de la Universidad Estatal de Nueva York y la Universidad de Honolulu en Ciencias de la Computación. Ha trabajado para bancos de inversión europeos como UBS y para bancos estadounidenses como Goldman Sachs. Sus pasatiempos incluyen la silvicultura y el remo.

Cuando era un estudiante de posgrado muy joven, Cruz pensó publicar libros. Era extremadamente difícil publicar un libro usando los métodos tradicionales hace 30 años. Él renunció a este sueño editorial en ese entonces. Afortunadamente, existen numerosas formas de convertirse en un autoeditor en la actualidad. Internet ha democratizado muchas empresas como publicación de libros. Cruz puede ofrecerte un excelente contenido y un excelente precio. Nunca dejes de leer y aprender ¡Cruz sabe que disfrutará leyendo sus libros!

gal

aterial de este libro se obtuvo de InDigitalWorks.com con
ster Resale Rights.

guna responsabilidad

Es posible que la ley aplicable no permita la limitación o exclus
de responsabilidad o daños incidentales o consecuentes, por l
que es posible que la limitación o exclusión anterior no se aplic
en su caso. La responsabilidad por daños, independientement
de la forma de la acción, no excederá la tarifa real pagada por
producto.

InDigitalWorks.com

Derechos de autor